몸으로 시 한 편 썼네

시에시집 **022**

몸으로 시 한 편 썼네

노동문학관 50인 노동시집

詩와에세이

책머리에

2025년! 1945년 우리 민족이 일제로부터 해방된 지 80년이 되었다. 그러나, 아직도 민족의 남북 분단으로 인해 이 땅 남한 사회에선 '노동' 용어를 북한 동조자 '빨갱이' 용어로 동일시 매도, 금기시하고 있다. 이는, 우리 사회를, 일제 계승자 이승만 이후 다수 정치 권력자와 추종 세력들이 북한 적대 주적 개념을 전면에 내세운 기득권 사수 유지 통치를 하여, '스스로 알아서 일하는' 개념의 〈노동〉을, '대가를 제시하는 타자의 요구에 의해 일하는' 개념의 〈근로〉로 세뇌해 놓았기 때문이다.

전 지구적으로 4차산업이 급속히 진행됨을 추산해 볼 때 머지않은 시일에, 현재 〈노동〉과 〈자본 정치〉로 대치하고 있는 인간은, 노동을 대변하는 〈인간〉과 자본 정치를 대변하는 〈AI 로봇〉으로 대치하는 상황이 도래할 것이다. 아울러 AI 로봇에게 인간성을 탈취당한 인간은 노동의 소중함을 뒤늦게 자각하는 시대가 도래할 것이다. 따라서 현재의 우리는, 우리의 후대들이 인간성을 되찾을 수 있도록 노동의 참된 가치와 얼을 부단히 심어 전해야 한다.

노동문학관이 시인 50명의, 노동의 참된 가치와 얼을 심은 신작 시 50편을 담아 '50인 노동시집' 『몸으로 시 한 편 썼네』를 펴낸다. 동참한 시인님들을 비롯해 기획위원으로 수고한 맹문재 시인님과 양문규 시인님, 출간을 위해 힘써 준 '시와에세이' 관계자님들께 감사드린다. 아울러, 지원을 아끼지 않은 〈홍주문화관광재단〉 관계자님들께 마음 깊이 감사드린다.

2025년 7월
노동문학관장 정세훈

차례__

책머리에 · 04

모든 노동자는 성직자이다 · 강상기 · 13
두미도 · 강영환 · 14
달맞이꽃 · 강태승 · 15
내 얼굴 · 고　철 · 17
나는 노숙했다 · 공광규 · 18
살갈퀴 · 구재기 · 20
벗바리 · 기복진 · 22
라이더 파라다이스 · 김윤환 · 24
불귀의 객이 되고 싶지 않았어 · 김이하 · 27
늙은 신문 배달부 · 김인호 · 29
노동의 기쁨 · 김채운 · 31
소음성난청 · 김해화 · 33
곧 좋아질 것이다 · 김희정 · 34

팔십 년 사북 생각 · 맹문재 · 36

굿바이 노동절 · 박관서 · 39

농한기, 24년 겨울에서 25년 봄 · 박금리 · 41

텃밭에서 · 박두규 · 43

완성반 검사 · 박설희 · 45

얼룩 · 박성한 · 47

노동의 가치 · 박원희 · 48

빵 · 박철영 · 50

작업복 · 백무산 · 52

내가 쓴 일기의 한 토막 · 봉윤숙 · 54

노동자가 고함을 지른다 · 섬 동 · 56

그날 '함백광업소'는 전쟁터였다 · 성희직 · 58

한탄 신세 · 신언관 · 60

엄니 당부 · 양문규 · 64

어머니의 밥상 · 양선규 · 66

어떤 통화 · 여국현 · 67

호미 · 유덕선 · 70

새의 마음을 본다 · 유승도 · 72

눈물이 많아졌다 · 유용주 · 73

나마스테 뚤시 뿐 머걸(Tulsi Pun Magar) · 유　종 · 77

노동의 미래 · 윤중목 · 80

사람이 그렇게 쉽게 죽어진다요 · 이강산 · 82

죽지는 않았습니다 · 이대흠 · 83

딱새 · 이원규 · 88

고물상 · 이정록 · 89

목구멍의 기원 · 임　윤 · 90

개미 인간 · 장세현 · 92

근로, 아니 노동 · 장우원 · 94

몸으로 시 한 편 썼네 · 정세훈 · 96

꽃 파는 남자 · 정원도 · 98

백 년의 고독 · 조기조 · 99

도시인 · 조미희 · 101

하늘에 뿌리내리기로 했다 · 진영대 · 103

로봇 노동자 · 채상근 · 105

땀 냄새 · 한종훈 · 107

바닥을 품다 · 황구하 · 108

흔적을 지우다 사라진 여자 · 황미경 · 109

노동문학관 시인들 · 111

노동문학관 50인 노동시집

모든 노동자는 성직자이다

강상기

성직자는
하느님의 말씀에 순종하는 종이다

그래서
하느님을 위한 노동은 신성하다

노동자는 하느님을 위한 일을 수행하기에
모든 노동자는 성직자이다

말씀에 순종하며 종으로 사는,

두미도
—부부 어부

강영환

파도 앞에 의자가 되는 아내와
바람 앞에 기둥이 되는 신랑이
서로 등 기대고 사는 파도 속이다
일출 속으로 배를 몰아갈 때
출렁거리는 물결도 내 살이요
등 반짝이는 햇살은
온기 전하는 임자 가슴이다
둘이서 끌어올린 그물 속에
광어 큰 놈이 물결 맛으로 들 때
어디 자랑할 데가 없어
마주 보고 서로 웃어 준다

달맞이꽃

강태승

멍에 메이고 따라가다 보면
곧 저녁에 이릅니다
비바람 눈보라에 길 잃었을지라도
멧돼지처럼 화전(火田)을
쟁기로 후비다 보면
노을이 핀 산굽이에서
언제나 마주칩니다
이슬에 젖은 발목
말을 잃은 눈동자입니다
나를 만나러 온 그녀를
쑥부쟁이에나 맡겨 두고
소만 따라 가면은
장돌뱅이 장 보러 가듯이
밭이나 갈면
뒷걸음치는 골짜기
개울 건너는 산 그림자
뼛속의 뼈처럼
일어서는 달맞이꽃,

가난한 동네의 이정표처럼
논두렁 밭두렁에도 피어났습니다

내 얼굴

고 철

새 작업복을 입었는데도
뿔따구가 났다
내 얼굴이다
밥그릇이 구멍 나도록 밥 먹어도
내 밥그릇이다
어딜 가도 그렇고 어디를 가도 그렇다

꽃 들고 거울 앞에 서 봤다
내 얼굴이다
수북했던 머리 자르고
빠진 앞니 감추고 웃어보아도
내 얼굴이다

그림자가 거울 속에서
비린내 나도록 내 얼굴 보고 있다
왜 보느냐고 따지려다가 그만두었다
그림자도 내 얼굴이다

나는 노숙했다

공광규

2025년 4월 1일
나는 노숙했다
시베리아 여행에서 입었던 패딩을 입고
시베리아 여행에서 신었던 방한화를 신고
산별노동조합 동지들과 동지들 사이에서
은박지를 깔고
은박지를 덮고

그날도 대한민국 봄밤은 시베리아 추위였다
내 앞에는 귓바퀴에 은색 핀을 꽂은
투쟁가가 나오면
몸을 마구 흔들어 대던 젊은 여자아이들 셋
내 뒤에는 노동조합총연맹 간부
내 옆에는 사회단체 대록학교 사무총장
그 옆에는 소속이 없다는 평범한 중년 부인

노숙 대오 좌우에는
사회단체와 노동조합과 농민 단체 깃발들

대학생회와 진보정당 깃발들
무대에는 대통령 파면 선고 촉구 현수막
진주에서 올라왔다는 중학생 연사
강원도에서 왔다는 대학생 연사
전라도에서 올라온 여성 농민 연사

2025년 4월 1일
안국동 사거리 안국빌딩 앞에서
1990년대 초 박원순 변호사 주관으로
미국 시민 운동사를 출근 전 공부했던 빌딩 앞에서
은박지를 깔고
은박지를 덮고
나는 노숙했다

살갈퀴

구재기

2년생이라고는 하나
해마다 나타나서
자칫 빛깔 좋은 꽃이라 할까
홍자색 고운 빛으로 당당하게 피어나
바람을 불러 춤을 춘다
어디 이런 진상이 또 있으랴
성깔 있는 동네 할아버지 닮아서인지
선 자리 그대로 서 있지를 못하고
이리저리 흔들리는 몸짓을 하고
아뿔싸, 바람 뒤에 숨어
돋아난 작물의 어깨 위로 뒤덮으니
햇살조차 노여움으로 그늘을 내리는데
마른 흙 위에 푸른 이끼 덮이랴
초원 위에 물수제비 뜨듯
튀기는 자리마다 일어나는 물결 모양
논밭을 가리지 아니한다
강한 듯 센 듯,
어긋난 잎 사이로

달걀을 거꾸로 세운 것과 같은 모양
열매를 맺어 자칫 건드리기만 하면
툭, 툭, 튀는 동네 할아버지의
안부가 자꾸만 궁금해진다

*살갈퀴: 콩과에 속하는 두해살이 덩굴손 식물

벗바리

기복진

아무리 생각해 봐도 아내는 개나리꽃이다

산골 농부로 산다고 했지만 나는
자주 최저 시급의 계약직 노동자,
똥 한번 잘 싸보려 돈 찾아다니는 계약직 노동자다
지난 연말의 계약 만료
다시 빈 겨울, 삭풍이 몰아쳤다
여기저기 입사 지원서를 쑤셔 박아도
한 번 미끄러지니 아내에게서 잎이 지고
두 번 미끄러지니 아내에게 찬바람이 불고
세 번 미끄러지니 아내는 꽁꽁 얼어붙었다
통장은 0을 향해 마구 뛰는데
나는 시를 쓴답시고 시인이랍시고
대전으로 청주로 울산으로 하동으로 발바리처럼 다니기도 했으니
아내는 희망의 눈을 자근자근 절망으로 밀어 넣고 있었다
개나리엔 햇살이 벗바리,
내겐 아내가 벗바리였음을

열 번 만에 면접 합격하고서야
석 달 만에 계약직 직장을 얻고서야
살랑살랑 웃음 치는 아내를 보고서야
겨우 눈치챘을 뿐이다

첫 월급날, 아내가 이상하다

라이더 파라다이스

김윤환

쟨 열심히 조리를 했구요
전 열심히 달렸지요
숨 가쁜 초인종 소리에
달려 나오는 당신의 미소
그제야 우리는
이천오백 원의 천국을 맛 보아요

어제 망한 식당 사장이
오늘은 라이더가 되어
헬멧에 '대박'이라고 쓰고
도심의 질주자가 되어요

달리고 달리는 동안은
우리는 하늘을 살아요
발을 땅에 딛지 않는
천상의 곡예를 즐겨요

달리지 않고 감시하는 사람

기다리지 않고 관리하는 사람
혀를 끌끌 차며
고개를 끄덕이며 쳐다보는 사람
그들은 모두
우리를 보고 천국을 누려요

예배당의 타종처럼
거룩하고 설레는
지상의 파라다이스에
헬멧 혼자 도로를 뒹굴어요
몸뚱어리는 바닥에 두고
바퀴는 신나게 달려요

룰루랄라, 룰루랄라
먼저 떠나온 내 등 뒤로
파라다이스의 문지기가
속도계를 들고 노래해요
여기는 파라다이스,

여기는 라이더 파라다이스

불귀의 객이 되고 싶지 않았어
―낡은 비망록 1

김이하

여차하면 던져야지, 상처로 벼린 사직서
능글맞은 그 새끼 얼굴에 던지고
끓어오르는 울분에 소주를 들이붓고 오는 길은
섬광이 지나간 듯 세상이 사라진 자리
목까지 날아간 플라타너스 동무 삼아
담배 연기를 내뿜으며 올려다보는 하늘에
별은 어디로 갔는가, 알 수 없는 길

사람인가 기계인가, 어둠에서 어둠으로 스미는
다시는 깨어나지 못할 잠을 그악스레 뿌리치고
더러워도, 분노가 가슴을 후벼도 버리지 못한 세상
날마다 시린 가슴으로 벼린 사직서를 세상에 던졌으나
가슴 한구석도 채워지지 않는 서글픔
그러나 내 맘 깊이 새긴 문신은, 죽지 마라
죽어도 죽지 마라, 오로지 그것 하나

어둠의 늪을 허우적거리며 가는 몸의 행로
비루한 세상이 던져주는 달콤한 위로 한마디

기꺼이 받아 삼킬 목도 없는 주제에
하염없이 어둠의 등을 다독여 주는 플라타너스
긴 울음 끝 진저리 치듯 후두둑 몸을 흔들며
찬 이슬 떨어내는 그 상련(相憐)의 동무 곁에서
음울한 세상 소식을 들었나, 들렸던가

살자고 하는 짓이 죽을 짓이 돼 버리는
몸의 어느 한구석 태생대로 온전하지 않은 채
스러져, 그리다 만 삶의 무늬마저 빼앗긴 무지렁이들
그렇게 살긴 싫어, 죽음의 노동에서 해방 시킨 내 가난
먼 뒷길 제 발로 걸어온 늙은 삶은 비록 누더기뿐이나
떠도는 망령, 불귀의 객이 되고 싶진 않았어

그래도 살아 있어야 사람이므로

김인호

신문 돌리는 일이야 혼자 열심히 하면 되지만 사람들을 만나
돈을 받아야 하는 신문 대금 수금에 신규 독자 확장이 힘들었지
일신방직 사택 사는 한 반 친구가 볼까 봐 아이들 나와 놀면
다른 구역 먼저 넣고 다시 돌아와 신문을 넣곤 했어
무슨 죄를 지은 것도 아닌데 그랬었지,
고등학생이었던 신문보급소 총무 형은 잘 사는지 몰라
떼인 돈 받으러 몇 번이고 자취방을 찾아갔었는데
받았던가 못 받았던가 이젠 기억도 흐릿한 14살 적 신문 배달부
광주 임동 일신방직 사택 동네에 석간신문을 돌렸던 아이가
52년 만에 다시 화엄사 아랫동네 신문 배달부가 되었네
42년 발전소 교대 근무 운전원으로 떠돌면서 다섯 아이 키우고
늘그막은 섬진강 강마을에서 조용히 살리라 그랬는데
구례 〈봉성신문〉을 만드는 무급의 시민 기자들이
우편 발송료를 아끼기 위해 신문 배달까지 하는 것을 보고

그만 번쩍 손을 들어버렸네
이래 봬도 신문사에서 첫 월급을 받은 언론인이라고 너스레를 떨며
신문 배달부를 자청했네

*봉성은 구례의 옛 지명으로 〈봉성신문〉은 무급의 시민 기자들이 온몸으로 만들어 내는 신문이다.

노동의 기쁨

김채운

무엇을 더 보태랴
누구나 한껏 일할 수 있다면
일한 대가 으레 받을 수 있다면
탐탁히 나누며 사람답게 살 수 있다면

무엇을 더 채우랴
죽음 따윈 무릅쓸 필요 없는 일터에서
정리해고 고용불안 끄떡없는 일터에서
일할수록 더 커지는 보람 느낄 수 있다면

하여 무엇을 더 바라랴
정규직 비정규직 차별 없는 세상이 온다면
땀 흘려 일하는 자 참주인 되는 세상이 온다면
노동자 자본가 함께 존중받는 세상이 온다면

다툼도 착취도 없는 내일을 꿈꾸며
저녁놀 등지고 집으로 돌아가는
노동자의 흠씬 땀에 전 뒷모습은

얼마나 거룩한 아름다움인가

소음성난청

김해화

사십년넘게내가들은소리는쇠부딪히는소리
쇳소리속비명소리울음소리
목숨깊이새겨졌네

나이예순넘으면서목숨에귀기울이는버릇생겼어
아픔이이렇게가까이있다니
슬픔이이렇게가까이있다니
울음소리비명소리그치지않았네

철근쟁이내가아프다는것나도알아
울지않아
소리내지않아
그러니까참조용하군

이제저물어도괜찮은나이
귀도함께저물어가네

곧 좋아질 것이다

김희정

땀은 쌀을 생산하고
벽돌을 굽는다
실에 들어가 잠을 잔다
일이 노동의 이름에서 일탈하면
집으로 돌아가는 시간은
쳇바퀴에서 빠져나오지 못한다
흙이 기억하는 땀과
기름이 기억하는 땀의 차이가 있다면
향(香)이다
흙을 맛보는 아버지를 보았고
자동차에 채워지는 기름의
아찔함도 느꼈다
땀의 힘으로 움직이는 것들은
물보다는 농도가 짙고
피보다는 낮다
몸에서 일어나는 일인데
가치의 문제에 시달린다
땀이 과거를 지향해야 할지

현재를 지켜야 할지
미래에 기대야 할지
선택의 어려움에 빠질 때
이런 마음 붙잡는다

팔십 년 사북 생각

맹문재

1
갱 속에서 살아가던 광부들이
안경다리 위에서 돌을 던진 일이며

돌멩이가 그들의 유일한 무기였던 상황을

나는 알지 못했다

광부들이 불법 군인들에게 잡혀가
밤낮없이 당한 고문은
상상조차 할 수 없었다

2
사북에서 일하던 아버지는
왜 그 일을 전해주지 않았을까?

울분이 끓어올랐지만
공포에 압사당한 것이었을까?

군인들의 강제 연행에 빠져
동료들에게 미안해서였을까?

언젠가 밝혀질 사건이라고
시간을 믿은 것일까?

3
어떻게 군인들이
식은밥 같은 광부들을
연탄재처럼 짓밟을 수 있을까?

방패 하나 없는 그들을
막장보다 더 깊은 어둠에 가두고
고문할 수 있을까?

4
사북으로부터 먼 곳에 있는

공단의 굴뚝을 바라보며
실습 시간을 간신히 채우던 공고생은

유언비어 같은 소문조차
듣지 못했다

광부들의 소금 같은 눈물도
배고픔 같은 공포도
도끼날 같은 분노도

알지 못했다

굿바이 노동절

박관서

5월 1일 노동절 아침에 대학교수를 하는 친구로부터
노동자도 아니면서 노동시를 쓰고 노동 관련한 글을
자꾸 쓴다는 푸념을 자주 듣는다는 푸념을 전해 들었다

모를 일이다 서로 주고 받는 서로의 마음을 모르면서도
인간은 갈수록 진화하는데, 노동은 진화하지 않으니
어쩔 수 없는 일이 아니냐고 적당히 수습했지만

많이 배운 사람이 많아지면 노동은 더욱 비천해지고
종내에는 노동이 빠져나간 자기 몸을 어쩔 줄 몰라
재벌 3세 따라 하기가 품위 있게 발광하듯 번지다가

결국은 공부한 상인들의 프랑스혁명이 아니라
오랑캐의 침입으로 망하는 로마가 되는 것 아니냐고
제법 아는 체하려 했지만 34년이 걸려서야 겨우

은행에서 나라에서 시키는 생계형 노동에서 벗어나
나를 위해 내가 하는 노동을 하러 텃밭으로 나갈 일이

바빠서 그만두었다 지금 지주대를 세워주지 않으면

밖으로 넘쳐서 쓰러지는 고추와 더덕 순, 구기자 순을
애써서 만지다 보면 5월 1일 노동절이 허망해지고
5월 1일 휴일이 귀하고, 노동을 벗어난 노동이 고맙다

농한기, 24년 겨울에서 25년 봄

박금리

험한 겨울 막판 술자리에서
아세아 관리기가 낫다느니
국제나 동양 태광 것이 더 좋다거니
제 쓰던 기계 침이 마르게
말싸움 한 판으로
익어가던 서로의 우정들을
헤쳐 놓더니

봄 되자 밭 갈고 고랑 만드는 일
아세아나 국제나 동양이나 태광까지
상표 아랑곳없이
한날한시 새벽 첫차를 타듯
비스름한 시간 엔진 울음을
터트려 놓누나

그래, 제아무리 기계 잘나고
새 농기계라도 씨 심고 거두는 계절
거스를 수 없으니

너와 나,
나고 떠남도 별반 다를 바 없듯
한 땅 한 하늘에 놓인
별반 다를 것 없는
함께 쓰이는 농기계이거니

텃밭에서

박두규

노동은 신성하다고 그러는데
텃밭에 쪼그려 앉아 풀을 뽑으며
문득 그 신성에 대해서 좀 서툰 생각을 해본다
나는 신성, 하면 으레이 영혼을 떠올렸는데
어린 감잎들이 올라오는 포근한 봄날
여리디여린 것들의 연둣빛 영혼을 생각하고
밭을 매다 잠시 허리를 펴면 보이는
짙푸른 강물의 영혼도 생각해 보는 것이다

우리의 노동에 언제 저런 영혼이 있었나 싶다
먹고사는 일에 목을 매는 뼈아픈 노동에 늘 미안해하며
신성하다는 노동을 위해 분주했던 시절은 있었지만
정작 우리의 얇은 주머니에는 신성이 없었다
세속의 일에 은퇴하는 나이가 되면서부터
노동은 신성하다는 말도 함께 늙어 허리가 굽고
나는 두텁나루숲에 들어 명상도 하며
세상 모든 것들의 신성을 더듬거리기 시작했다

숲으로 들어온 후에는
강을 건너기보다는, 바라보는 일에 열중했고
생각은 하루에도 수십 번 강물을 거슬러 오르며
신성의 유역을 헤매는 세상의 영혼들을 짐작해 보았다
그렇게 보내던 어느 날 텃밭에서
나는 오랜 노동의 형해(形骸)를 보았다
힘겨운 신성을 벗은 맨몸의 아름슬픈 영혼이었다
버리고 잊었으나 지금껏 나를 따라다닌
춥고 배고프던 노동의 영혼

아, 강물은 흘러 끝내 바다에 이른다지만
노동을 끝낸 육신들의 영혼은
세상의 끝에 이르러 어디에 닿았을까
스스로의 호흡을 다 고르고 나면 무엇이 될까
지금껏 흘러간 것들은
어디에 이르러 무엇이 되어 있을까
지친 어깨를 부리기나 했을까

완성반 검사

박설희

　철야를 하고 집에 온 엄마에게서는 석유 냄새가 심하게 났다 창백한 얼굴로 쓰러지듯 자리에 누웠다 날마다 엄마는 야근 아니면 철야를 했다 어떻게 사람이 잠을 안 자고 일만 하는 걸까? 엄마의 힘은 박카스, 하룻밤은 거뜬하다고, 시험공부를 해야 하는데 잠을 못 이기는 내게 박카스를 내밀곤 했다

　엄마는 완성반 검사, 옷감을 재단하고 재봉틀로 박음질한 후 마지막 검사를 하는 사람, 옷을 완성하는 사람, 엄마가 오케이 해야 옷들은 시장이나 해외에 나갈 수 있다고 했다 엄마가 '완성반 검사'여서 좋았다 뭔가 굉장한 힘을 가진 사람인 것처럼 여겨졌다 사법 시험을 통과해서 나쁜 짓을 한 사람들을 심문하는 검사들처럼, 옷에 결함이 없는지 주머니 가위질이 깔끔하게 들어갔는지 옷깃이 제대로 날렵하게 빠졌는지 단춧구멍 마무리는 깨끗하게 됐는지 살펴보는 눈초리는 날카롭고 매서울 듯했다

　완성반 검사여서 엄마는 늘 완벽했고 손으로 못 하는 게 없었다 보자기 두르고 앉아 있으면 가위를 들고 내 머리카락을 잘랐다 목이나 옷 틈새로 머리카락이 들어가 온통 가렵기도 했지만 미장원에서 자른 듯 내 머리는 가지런한 단발이었다

원피스나 치마 블라우스 등 엄마의 손길로 완성한 옷들을 입고 학교에 가도 한 번도 놀림감이 된 적이 없었다

　가끔씩 회사에서 옷을 들고 오기도 했다 어디엔가 불량이 나서 시장에 나가지 못한 옷들이라고 했는데 가벼운 아웃도어로 촉감이 좋았고 색깔도 내가 좋아하는 연두색 하늘색이었다 덕분에 나는 우리 집 한 달 생활비는 되어 보이는 옷을 걸치고 뚝섬과 성수동 자양동을 활개 치고 다녔다 한강에서는 악취가 나고 다리들이 여기저기 놓이던 무렵이었다

얼룩

박성한

털어내면 지워질까
늦은 밤, 귀갓길 문 앞에서
옷가지를 털어낸다

팔이며 다리며 옷가지마다
먼지 속을 살아낸 하루가
어깨를 흔드는데

눈물인지 땀인지
한데 얼려
얼룩이 된 눈동자

바라보는 눈길을 탓할까
그렇게 살아낸 날들
검은 눈동자로 남았는데

노동의 가치

박원희

노동의 가치는 돈으로 환산될 수 없다
돌을 깨러 산으로 가는 길
나는 생각한다
저 산을 부셔
도시의 건물을 높이고
도로를 깔아도
임금이 아무리 높아도
노동의 가치는
돈으로 환산할 수 없다
나의 몸이 부서져라
기계 밑에, 산속에 들어가
숨을 헐떡여도
삶은 돈과 바꿀 수 없고
마천루같이 솟아 있는 건물과 바꿀 수 없고
길게 뻗어 있는 장엄한 도로와 바꿀 수 없는
나는 생각한다
산을 낮추고
돌을 부셔

쇄골재를 만들며
잘게 부서진 노동의 가치
무엇과도 바꿀 수 없는 것을

빵

박철영

언제나 몸으로 불꽃을 피워
빵을 굽는 사내가
조선소 블록 오십 미터 대로 위로
끌고 왔던 용접기를
손수레에 옮겨 싣고
하루의 노역을 마감하러 간다

소금기 품은 용접복 위로
놀빛보다 더 붉었던 불꽃의 시간을
건너가느라 마음이 바쁘지만
도로의 경사면이 자꾸 고개를 쳐들고 있어
언제 풀려버릴지 모를 정강이가
힘에 부쳐 불안 불안하다

그새 오십 줄을 이어온 이마의 주름살이
활처럼 휘어져
비탈에서 미끄러지지 않으려 버티고 있다

혼신의 힘으로 제 살 쪽에 얼굴을 휘어
헛말을 주문처럼 중얼거리면
말귀를 알아들은 손수레 바퀴도
멈췄던 경사면을 타고 내려간다

아무도 바라보지 않는 뒷모습으로
하루치의 수고를 가슴에 품고 멀어져 가는 사내
풀어지는 그림자가 흐릿해져 간다

작업복

백무산

톱밥 먼지 허옇게 얼룩이 져 있다
옷을 벗어 털었지만 시멘트 얼룩은 그대로다
찢겨 구멍 난 자리마다 흰 솜이 삐져나와 있다
일을 마치고 철골 기둥에 걸린 내 잠바

작업복이 되었지만 한땐 아껴 입었던 옷이었다
마음먹고 좀 낫게 주고 장만한 옷이었다
아껴두었다 명절에 입기도 했고
세탁소에 맡겼다가 시상식장에 입고 간 일도 있다
별거 아닌 취임식장에도 빨아 입고 갔을 것이다

저 옷이 내 생애 기념할 몇 날을 장식했을 것이다
낡아 이제 겨울 작업복이 되어 있다
주머니엔 그녀의 따스한 손 대신
줄자와 커터와 목장갑이 불룩하다

살면서 내가 입었던 옷들은 거의가
작업복이 되었다가 버려졌을 것이다

저 옷은 내일 아침까지 밤이슬 내리는
공사장 어둠 속에서 밤을 지샐 것이다

그를 두고 온 나도 오늘은 맘이 편치 않아
아무래도 그를 다시 데려와야겠어
내일은 세탁소에 가져가야겠어
구멍 난 곳을 수선하고 깨끗이 빨아 달라고 할 것이다
비닐에 씌워 다시 벽에 걸어두어야지

우리 노동은 언제나 끝내 쓰레기로 버려지듯이
낡은 골목 지하방에서 곰팡이와 함께 증발하듯이
허망하게 널 보내지 않을 것이다

너를 차려입고 나는 어느 날
너를 기념하러 갈 것이다

내가 쓴 일기의 한 토막

봉윤숙

하늘로 가는 기차를 타 본 적 있는가!

나는 전자 회사 서비스 기사지 여름이면 에어컨도 고치고 아파트 난간에서 땀 흘리며 일하지 고객은 왕이지 나는 날마다 왕을 위해 반성문을 쓰고 정신 교육도 받지

나는 사람이 아니지 국민도 아니고
해고된 적 있는가, 아니 인격 살인을 당해 본 적 있는가

거리로 쫓겨나 본 적 있나요 살고 싶지 않아 강가를 서성여 본 적 있나요 살기 위해 안 해 본 일이 없는 나, 하지만 내일은 늘 불안해 불면의 밤이 나를 알아보고 찾아와요 돈에 쫓기고 시간에 쫓기면서도 아내와 자식을 볼 때마다 미안해서 응, 그래, 미안해! 입에 달고 살았지요

당연한 일에 목숨을 걸어야 한다는 게 웃기죠?

기차는 떠나도 삶은 계속되겠지요

그래도
그래도
내 배때기로 이 자본의 땅을 밀면서 가야 해요
그날, 그날이 올 때까지

노동자가 고함을 지른다

섬 동

 새벽 여섯 시 반부터 밤 열 시 반까지 일을 하고 대충 씻고 찌든 잠에 든다 늦은 퇴근이 길어지고 이른 출근이 빨라지며, 야근에 지쳐서 귀가한 사람들은 새벽에 덜 깬 눈으로 일터에 간다 지하 일 층에 일찍 주차한 차보다 조금 더 떨어진 곳에 쓰러진 피곤한 내연 기관이 거친 소리를 내며 피곤한 시동으로 먼저 나가고, 지하 이층에서 밤샘한 차는 임금 체불에도 허리 아픈 길을 나선다 늦게 귀소하는 날개에 철심을 박은 새, 일찍 일어나 힘없이 날아가는 까닭은 뭐고 어이없게 줄줄 새는 슬픈 가계의 경제는 왜 그렇게 회복되지 못하느냐고 묻고, 묻고, 또 묻는다

 재건축 주공아파트 공사판에서 제비들 모여서 확성기에 대고 한 달째 쉬지도 않고 핏대를 올리며 고함을 지른다 목이 찢어지도록 참을 수 없는 울분을 토하며 흐린 공중을 피멍 들게 한다 무엇이 이른 아침의 정적을 찢고 있는지 모를 노동자는 어처구니없는 범죄를 저지른다 참 걱정이다 가난한 자가 만들어 준 부자의 배부름은 개발 독재의 괴기한 산물인데, 아직도 검붉은 얼굴을 한 사람들은 차별에 절규하며 치를 떤다 불법

체류에 산재 보상도 없이 손가락 잘린 스리랑카 외국인 노동자는, 값싼 근육으로 팔리는 이역만리에서 대답 없는 분노에 땅을 치며 운다 이주민노동인권센터 소장 건수 씨는 오늘도 고용노동부로 기대 반, 걱정 반으로 출근한다

그날 '함백광업소'는 전쟁터였다

성희직

2025년, 제9회 '함백광업소 순직 광부 추모제'를 연
신동읍 자미갱 추모 공원엔 굵은 눈발이 흩날렸다

1979년 4월 14일 아침에 터진 화약 폭발 사고는
갱구(坑口) 앞에서 인차를 타고 입항을 기다리던
광부 26명의 목숨을 순식간에 앗아가 버렸다
다이너마이트 50kg이 폭발한 엄청난 위력에
자미갱 앞은 한순간 참혹한 전쟁터로 변하였다
살점과 뼈가 사방으로 튀고 온전한 시신이 없었다
당시까지 대한민국 최대 탄광 사고였다
그해 10월 27일 문경시 '은성광업소' 갱내 화재로
44명이 떼죽음하여 불명예 기록은 또 바뀌었지만

'석탄공사'에서 연이어 터진 대형 참사임에도
국회에서 특별조사 활동을 했단 기록은 없고
한국일보는 "鑛山서 火藥폭발 28명 死亡"
이런 제목으로 크게 보도하였지만 오보(誤報)였다
나라도 언론도 하찮게 여긴 산업 전사들의 목숨값

1993년 폐광까지 1,700만 톤 석탄을 캐느라
175명이 사망하고 중경상도 1,489명이나 발생했다
광부 한 명의 목숨을 석탄 10만 톤과 바꾼 셈이다

함백탄광 폭발 사고는 어느덧 46년이 되었건만
한마디 유언도 남기지 못해 너무도 원통한 영혼들
지금껏 구천을 떠돌다 함박눈으로 찾아온 걸까!
'춘래불사춘(春來不死春)'
남쪽엔 벚꽃도 벌써 졌건만 자미갱 앞은 아직도 겨울

한탄 신세

신언관

이 시를 쓰면서
절대로 화를 내거나 눈물을 흘리지 말자

손바닥에 바늘도 안 들어갈 못이 박히고
검게 그을린 얼굴에 자외선 주름살 깊게 파이고
기계가 지문을 인식하지 못하는
그런 모습으로 도회지에 나가보라
모두 한 수 아래로 내려다본다
아니라고?

너 공부 열심히 해라
안 그러면 저 아저씨처럼
거지꼴로 시커멓게 농사짓고 살아야 해

사람꼴 번듯하고 먹고 살 만하면
어째 농촌에 젊은이가 안 보일까
환갑 넘은 사람이 마을에서 제일 젊지
너나없이 어디나 그렇지

아, 수 골백번 불러본 민중 해방
민중 해방은 혁명적 상상력이 만들어 낸
천국 같은 가공의 세계, 안 그런가?
노동은 귀하다 못해 성스러운 것이라고?
이 말은 정치인이 국민만 바라보고
국민만을 위한다는 말과 똑같은데

세상은 노동자 농민이 아니라
판검사와 국회의원과 장차관이 이끌어가는 거야
이걸 알기까지 난 정말 아닌 줄 알았어
민중 해방의 세상은 분명히 어딘가에 있고
그곳에 다다를 수 있고
그런 아름다운 세상이 있을 수 있다고 믿었었어
마치 전쟁 없는 세상처럼

이제 그게 아니란 걸 알게 되었지
내가 얼마나 어리석었는지 알게 되었지

보수 진보가 번갈아 권력을 차지하여
무언가 달라지는 것처럼 보일 때도 있었지
그런데 그게 아니야, 그게 그거야
이걸 알기까지 얼마나 분노했는지
그리고 그 좌절의 수렁이 얼마나 깊었는지
그대는 아는가?

너는 고생하지 말고
펜대 잡고 살아야 한다
아버진 늘 그렇게 말했었지
세상은 농사꾼에게 가치를 두지 않는다
그건 진보 정권은 말할 것 없고
사회주의 공화국도 맨 일반인 게야

농사 삼십 년 경력 명함 내밀어봐
전부 다 피식 웃을걸
이게 현실이야 알겠어, 알아먹겠냐구

그래도 굶지 않고 자식들 공부 가르치고
땅마지기라도 장만했으니
이걸로 신세한탄은 접어두겠네

엄니 당부

양문규

요양원으로 엄니를 찾아갔다
후둘후둘 떨면서도
주저앉지 않으려 안간힘인 엄니

몰아쉬는 숨으로 겨우 내뱉는
비뚤어지고 흘리는 말들, 어떻게
말구리 골짜기 산 허물어 인삼 농사지었는지

꿈 같어 아득혀
밥이 죽지 않고 살아 있는 건
모두 다 니 아부지 억척이여

뻣뻣한 내 손을 꼭 쥐고
니 아부지 눈 흙 들어가기 전까지
밥숟가락 챙겨

학산 새재 고갯마루 소낙비 지나가듯
잠시 고향마을 다녀오는 발걸음 소리,

다시 요양원 들여보내자마자

전화벨이 우는 듯해 뒤를 돌아보니
요양원 건물 유리창이
모두 엄니 눈동자다

어머니의 밥상

양선규

정화수 한 그릇 떠 놓고 맞이하는 첫 새벽

해 뜨면 일 나가고 해 지면 집으로 돌아오는

사기 그릇에 가득 담긴 고봉밥

먼 길 떠날 때 주걱으로 꼭꼭 눌러 차려낸

눈물과 땀 섞인 뜨거운 햇살

어떤 통화

여국현

먼 지방 강의를 다녀오는 버스 안 앞자리
귀 옆 머리카락이 희끗희끗한 여인이 통화를 한다

사람 사는 기 그렇지 뭐
그저 이래 살다 가는 기지 뭐
안 됐잖아 인생이
내도 안다 이러다 내가 먼저
희떡 쓰러질 수도 있다는 거
하마도 어떨 때 가슴이 벌렁벌렁 하만
이러다 내가 지레 먼저 가지 한다
그러나 뭐 어쩌겠노
이게 내 복인걸
내 복이 가진걸
그래도 그 화상 혼자 두고 오는데
맘이 요상터라
미운 맘은 다 어데 가고
그 인생도 참 안 됐다
불쌍한 맘만 생기니

내도 미쳤지
그 인간 뭐 이쁜 게 있다고
내사 모르겠다
얼른 가 소주나 한잔 훌 떨어 넣고
그냥 시상 모르고 잠이나 잘란다
낼이면 또 와바야겠지마는
낼은 낼이고
오늘 저리라도 살아 있으니
그걸로 됐다 싶으다
우야노 사는 기 그러니
그거라도 감지덕지 해야지
그래 니도 우야든동 잘 지내고
니는 걱정 말그라
아무 걱정할 거 없다
다 그런 기라
사는 기 다 그런 기라

대소변 못 가리고 누운 아버지 곁에

엄마 혼자 두고 올라오던 쉰이 다 된 아들에게도
엄마는 마지막엔 언제나 그랬다

아들은 아무 걱정할 거 없다
다 그런 기라
사는 기 다 그런 기라

여인이 통화를 마치자 조용해진 버스 안에서
몸에 달라붙은 끈적한 시간을 털어내며 가만히 중얼거려 본다

사는 기 다 그런 기라
산다는 게 다 이런 거지

호미

유덕선

헛청에 걸려 있는 다 닳은 호미
엄마를 닮았다

작년에 아버지 가신 후로
이른 아침 밭으로 가면 어두워져야 나온다고
풀 매는 귀신이 들어앉은 게 분명하다고
매다매다 덤불까지 매는 거 같더라고 세상에,

그 양반 장리쌀 따지던 거 보면 주판이 필요 없던 양반이었는데
저렇게 바깥에서 주야장천 풀만 뜯고 있으니
움푹 패인 볼에 마른 거죽만 붙어 있는 것이
아무래도 올여름을 못 넘길 거라고
이장 보는 종호 형이 혀를 차다 돌아간 저녁

음력 유월 초하루 아버지 첫 제사에 지방을 쓰다가
호미 쥐고 밭으로 가는 엄마를 싸서
더 이상 풀을 맬 수 없는 곳으로 떼어놓았다

혼자 남아 있는 호미 헛청에 매달려
엄마가 그러쥐던 손의 촉감을 추억하며
까마득히 녹이 슬겠지

새의 마음을 본다

유승도

　기둥을 세우고 보를 얹는 중에도 마당의 뽕나무 아래를 덮은 이끼가 듬성듬성 뜯겨 사라졌다 푸르름이 사라진 자리마다 드러난 흙에, 둥지를 짓는 딱새의 모습이 어린다 집 주위를 이끼로 덮어 작업을 마무리하는 새의 날갯짓이 푸르다
　어제오늘은 비가 오락가락하면서 헛간의 지붕 작업을 방해했다 떨어지는 빗방울을 피해 서둘러 마지막 함석을 올리고 못을 박다가 기어이 미끄러졌다 떨어지는 순간은 나도 새였다 작은 새처럼 사뿐히 앉지는 못하고 '쿵' 땅을 울리고야 말았으나, 다친 데는 없으니 그나마 성공적인 날기였다 하늘을 휘저었으니 나의 팔도 푸르른 날개였다
　헛간 지붕에 내려앉은 하늘을 본다 푸르게 살고자 하는 새의 마음이 가득하다

눈물이 많아졌다

유용주

나는 원래 눈물이 없는 사내였다
눈물은 지는 사람들의 전유물이었기에
눈물 많은 사람을 보면 증오하기까지 했다

그런 내가 노인이 되자 눈물이 많아졌다
눈물샘이 말라 마른 눈물만 흘리는 나이가 된 셈인데,

소프라노 신영옥이 어린이 합창단과 「Mother of Mine」을 부르다가
돌아가신 모친을 떠올리며
한참 동안 노래를 부르지 못하는 방송을 보다가 한참을 울었다

남태령에 난방 버스가 들어오자 울었다
내리는 눈을 맞으며 밤을 꼬박 새운 한남동 키세스 전사단을 보며 울었다
국회 앞과 광화문에서 색색이 춤을 추며 흔드는 응원봉을 따라 하다가 울었다

젊은이들은 지치지도 않는다
「님을 위한 행진곡」을 부르다가 울었다
여의도에서 광장까지 말없이 걸었다
쉽게 오는 것은 없구나

수요 집회에 나오시던 할머니가
끝내 영정 사진으로 참석하는 장면을 보며 울었다
(방해하는 확성기를 보며 저렇게 추하게 늙지는 말자)
제주 4 · 3 영화와 다큐를 보다가 통곡했다
광주 5 · 18 영화와 다큐를 보다가 통곡했다

이태원 골목에서 먼저 가신
아이 또래 사진을 보며 울었다
(세월호 때 흘린 눈물은 어디로 흘러갔나)

 젊은 작가는 굶어 죽었다—창피하지만 며칠째 아무것도 못 먹어서, 남은 밥이랑 김치가 있으면 저희 집 문 좀 두드려 주세요, 아무도 문을 두드리지 않았다 그이는 서른둘이었다 나 같이 굶고 살아온 사람도 살아 있는데……

　세 모녀는—마지막 집세와 공과금입니다 정말 죄송합니다 번개탄 피워 놓고 자살했다 봉투 안에는 70만 원이 들어 있었다 그들은 아무 죄가 없었다 나는 그저 울었다 엄마 예순, 큰딸 서른다섯, 작은딸 서른둘,

　이런 일들이 도처에서 일어난다
　울음으로 해결할 수 없다는 사실을 안다
　내가 보지 못한 게 얼마나 많은가

　지하철에서 목이 터져라 이동권을 절규하는
　전장연 집회를 보며 울었다
　2025년 4월 4일 오전 10시 45분쯤,
　안국동 사거리에서 두 손 꼭 모으고 전광판을 바라보는
　아주머니를 보면서 울었다
　거저 오는 것은 없다

영화 「나의 마지막 수트」를 보다가 울었다
영화 「가버나움」을 보다가 울었다
영화 「인생은 아름다워」를 보다가 울었다

헤퍼졌구나
눈물이 많은 사람들이 모이면 이긴다는 사실을 젊었을 때는 몰랐다
마치 강물이 바다에 이르듯이
눈물은, 지는 듯 약해 보이지만, 천천히,
세상을 바꾼다

나마스테 뚤시 뿐 머걸(Tulsi Pun Magar)

유 종

누가 문 열면 우리 일제히 일어나
두 손 모아요
공손하게 두 손 모으고 그대들 눈빛에 순종해요
당신 나라에 꿈 팔러 왔기 때문에요
돼지농장에서 허가받은 노동을 해요
돼지가 꾸는 꿈 말고
우리 꿈 사 주세요

하지만 사장이 우리 꿈 담보 잡았어요
대신 온갖 욕 먹었어요
얻어맞아도 말 못 했었어요
매일 감시당했어요
돼지같이 격리당했어요 감옥이었어요
감옥에서 앉는 자세
눈빛 말투 가르쳤어요
아프고 슬픈 마음 사치였어요
꿈 격리당하면
지옥일 것 같아 품에 꼭 안고 있었어요

누가 앞에 있으면 두 손 공손히 모아요
나는 꿈 팔아야 해요
그래서 네팔 가는 비행기 표 비수처럼
내 얼굴에 겨눴던 날
당신 발밑에 무릎 꿇고 네팔식으로 절했었죠
돌아갈 수 없다고
차라리 나 자신 무너뜨리겠다고

그날 웃으며 활발하게 일했어요
다 이상하게 쳐다봤어요
웃는 얼굴 작별 인사였어요
내 친구들 알아듣지 못했지만
다음 날 아침 내 작별 봤겠지요
4년 기다리고 6개월 견뎌냈는데
꿈 아직 품 안에 있는데
벌써 작별 인사하네요
공손하게 받아주세요

친구들아 나마스테
내 고향 포카라여 나마스테
사랑하는 가족들 나마스테
팔리지 못한 내 꿈에게
나마스테
나마스테

*뚤시 뿐 머걸(Tulsi Pun Magar, 28세)은 고용허가제로 입국해 2024년 8월부터 돼지 3천여 마리를 키우는 영암의 ㅇ축산에 고용되었다. 심한 노동 강도와 사장, 팀장의 끊임없는 괴롭힘에 시달리다 2025년 2월 22일 스스로 목숨을 끊었다.

*한겨레21 2025년 4월 30일 자 기사를 참조했음.

노동의 미래

윤중목

21세기 금세기 전 지구적으로 말입니다
노동의 경쟁자는 자본도 아니고 토지도 아니고요
AI ChatGPT라는 희대의 신종이겠습니다
또한 로봇과 드론 되겠습니다
이것들이 인간의 노동을
정신노동 육체노동 둘 다를요
송두리째 집어삼키려 하고 있다니까요
인류가 행하는 노동의 모습과 종류가
돌연한 변천 변이의 지점에 놓이게 된 거라고요
노동이 아예 소멸하고 종말을 맞을지도 모릅니다
너무 과도한 걱정 이른 걱정인가요
아닙니다 냉철하게 솔직하게 봐야 합니다
그 물결이 이미 턱밑에 출렁이고 있어요
머잖아 얼굴까지 차오를 거 같습니다
아주 바짝 궁리하고 연구해야 해요
노동을 지켜낼 방법을요
우리가 평생 신성하다고 여기고 믿었던
인간의 노동을 지켜낼 방법을요

그리하여 노동이 안녕토록
종내 인간 인류가 안녕토록
찾고 또 찾아야 해요
꼭 그 길을 찾아내야 합니다
노동의 미래가 위태합니다 정말로 그러합니다
인류의 노동에 부디 축복 있으라 행운 있으라

사람이 그렇게 쉽게 죽어진다요
—여인숙 달방 925일

이강산

'당분간 착신 정지' 두 달 만에 목포 해남여인숙 선일 아우와 통화하고 어이쿠야, 반가워서 살아 있었냐, 했더니 작살 던지듯 대뜸 날린 말이 그렇다

고깃배 철선에 잘려 나가 한쪽만 남은 다리에, 깡소주에, 돌 같은 간에 눌려 몇 번 죽다 살아났기에 또 119에 실려 갔는가, 속이 끓었는데 첫 마디가 그렇다

성님, 반갑소, 소주는 두 빙으로 줄였소, 뼈다귀해장국에 담배 두어 갑 담가서 퍼뜩 오쇼, 하던 대로 지껄이면 좋은 것을 짝퉁 의족을 푹, 내지르듯 꽂는 말이 그렇다

죽지는 않았습니다

이대흠

 1986년 9월 옥수동 지하 공장에서 새벽 5시에 일어나 대형 버너에 불을 붙였어 한 통에 천만 원 하는 직수입 염료를 감쪽같이 두 통으로 만드는 기술을 익히고 여섯 시 일 끝나면 드럼통 페인트칠을 했어 근로기준법도 초과수당도 없었지 공기도 통하지 않는 캄캄한 지하 단속 나올까 봐 하나뿐인 바람 구멍인 셔터를 내려두고 동굴 속에서 신나에 취해 톨루엔에 취해 망치로 깡통을 땅땅 때리면 몸이 쪼개지는 것 같았지 붕붕 뜨는 몸은 솟구쳐 지상으로 싹 터 오를까 빛이 없어서 버섯처럼 번식하는 꿈을 꿨어 약을 구하기는 쉬웠어 한 잔이면 죽을 수 있는 게 너무 많았지 극약을 가방에 넣고 다니며 날마다 사라지는 상상을 했어 월급 8만 원 천장이 나사처럼 조여와 잠을 못 자고 비가 오면 폭포처럼 물이 쏟아지는 지하방에서 하우스 비닐에 이불 넣고 옷 넣고 책 넣고 몸 구겨 넣어 고추처럼 웅크렸지만

 죽지는 않았습니다

 1988년 잠실에서 놀이공원 공사할 때 몇 사람이 죽었는지

알 수 없어 언론은 침묵했고 몇 년 후면 아이들의 웃음이 깔릴 그 바닥에 피가 깔렸지 시체에서 꽃이 자라듯 웃음의 바탕은 비애야 한 번은 쾅 소리가 나서 현장에 가보니 지하 5층에서 가스통이 터져서 벽돌벽 여기저기에 피가 묻어 있었지 죽은 그가 나인 듯 소름이 돋았어 미장 안 된 벽돌벽에 코딱지처럼 붙어 굳어가던 작은 살점이 보였어 코딱지 빼서 붙이듯 설움과 두려움을 그 벽에 붙여두고 우리는 분진 같은 한숨만 부조하고 돌아섰지 일당을 채워야 해서

죽지는 않았습니다

1991년 광명에서 굴뚝 청소 아르바이트를 했어 일당 4만 원에 군침이 돌았지 방독면을 쓰고 2인 1조가 되어 굴뚝으로 들어가면 방독면 속으로도 쇳가루가 들어왔어 그러거나 말거나 높이 20미터가 되는 굴뚝 위에 한 명, 수경을 쓰고 들어가도 앞이 보이지 않는 아래쪽에 한 명이 들어갔어 말이 통하지 않은 곳이었지 위에서 20미터 원통 필터를 세게 흔들면 아래쪽으로 입김 같은 미동이 전해졌어 손으로 말을 듣고 묶인 필터을 풀

면 화물차 모래 부린 듯 쇳가루가 쏟아졌어 너무 뜨거워 3분 이상 있으면 죽는다 했습니다 폐가 망가질지도 모른다며 정규직들은 공장 마당에서 족구를 하는 동안 살려고 일당 때문에 학비 때문에 살아야 했어 죽지만 않는다면 3분 일하고 10분 쉬는 일이라서 룰루루 돼지고기에 목구멍 목욕시키면 끝날 거니까 쇳가루 목욕을 하면서

죽지는 않았습니다

1993년 5월 10일 태국 방콕의 인형 공장에 불이 났어 솜과 천과 플라스틱이 더미를 이루고 있어서 불은 잘 붙었지 솜과 헝겊과 플라스틱과 햇솜처럼 여린 사람들이 불에 붙었어 어린 여성 노동자가 많았던 공장은 인형들을 세계적으로 수출하는 곳이었어 인형을 훔쳐갈까 봐 모든 문을 잠수함처럼 꽁꽁 닫았답니다 붙은 불은 꺼지지 않았고 188명이 죽었지 1994년 서울 합정동 가스회사 본사 건물 올릴 때 엘리베이터 자리에 발을 헛디뎌 한 사람이 죽었어 시체는 치워지고 사람 떨어진 자리에 빨간 핏자국만 인주처럼 묻어 있었지 계단에서 주르륵

미끄러진 날이었지만

  죽지는 않았습니다

  1995년 군산 자동차 공장에서 전기 케이블 까는 일을 했어 높이 30미터가 넘는 천장 쪽에 트레이를 깔고 트레이를 발판 삼아 그 위를 걸어다녔지 일종의 서커스 같은 거야 본청 직원이 이따금 와서 안전띠를 매라고 소리소리 질렀지만 안전띠 매면 일당 받기 어렵지 안전띠 매면 작업량이 반에반에도 못 미치거든 안전이 중요한 걸 모르지는 않지 전등 달다가 2층 아시바에서 떨어져 즉사한 사람도 봤으니까 하청 한 단계 내려갈 때마다 안전띠가 사라지고 안전모가 벗어지고 안전화에 구멍 납니다 안전보다는 능률이 더 밥에 가깝지 무섭지 무섭고 말고 아래는 바닥입니다 아래를 보면 다리가 후들거리니까 손 잡을 데만 보는 거야 어쩌다 쉴 때도 발밑은 보지 않아 죽음이 보이는 것 같거든 땀 닦으며 눈 답답하면 먼 데를 봐 몸이 떨어지면 수평선에 발이 닿아 줄광대가 될 것만 같았지 아찔한 순간이야 많았지만

죽지는 않았습니다

 2010년 당진 용광로에 스물아홉의 한 사람이 빠져 죽었을 때, 2016년 구의역 스크린도어 일을 하다가 19세 청년이 죽었을 때, 2022년 평택의 제빵 공장에서 소스 대신 몸이 갈아졌을 때

 살아납니다 생각은

 감전 사고로 몇 번이나 8단 사다리에서 떨어지고 나무 비계가 부러져 5층에서 유리와 함께 떨어지고 조립식 비계가 넘어져 공중제비를 돌고 기계톱에 장갑이 끼어 손가락이 잘릴 뻔하고 군화를 뚫은 못이 발등에 갈대 싹처럼 돋았어도

 죽지는 않았습니다 우연히

딱새

이원규

얼굴 까맣게 숯검댕이를 칠했구나
섬진강 외압마을 야외 신발장
낡은 구두 속에 둥지를 튼 딱새야

구두 닦아, 구두 딱!
점촌 기차역의 소년 찍새야
자취방의 십구공탄 연탄불은 갈았느냐

중학교 졸업장도 없는데
교육대, 삼청교육대에 끌려간
어깨동무 병호야
집 나간 엄마는 찾았느냐

고물상

이정록

고물상은
버림받은 것들을
받아 주는 곳입니다

엄마입니다
아빠입니다

흙탕물도 품어 주는 강물처럼
번갯불도 받아 안는 바다처럼

고물상은
끝을 시작으로 바꿔 줍니다
버림, 받는 곳입니다

목구멍의 기원

임 윤

노천명의 「사슴」을 읽었을 때
슬픈 짐승들만 모가지가 긴 줄 알았다

사공의 밧줄에 물고기를 삼키지 못한 가마우지
밥그릇 향해 말뚝을 맴도는 누렁이
엄마를 기다리다 동구 밖까지 나간 아이
수평선에 목을 걸어 놓은 어부의 아내

대구, 영천의
여수, 순천…
제주를 뒤덮은
보도연맹
부마, 광주의…
목, 부러진 목들

목줄 움켜쥔 자들의 날카로운 눈초리 속에서
목구멍이 포도청이라
야만의 시간을 몸으로 부대끼며

짐승처럼 살아온 슬픈 모가지의 이웃들

개미 인간

장세현

은빛 투명한 날개 하나가
휘적휘적 땅을 기어간다
신기해서 자세히 보니
잠자리 날개를 옮기는 개미 세 마리
일용할 양식을 얻은
개미들의 움직임이 영차! 영차!
힘차고 경쾌하다

동대문이나 신도림 충무로 같은 곳
일용할 양식을 얻기 위해 분주히 오가는
지하철 사람들의 발걸음도 저럴까?

제 몸보다 서너 배나
큰 잠자리 날개를 몸부림치다시피
끄는 개미나
졸다 깨다 악을 쓰며
일터를 찾아가는 사람들이나

일용할 양식을 얻기 위한 투쟁은
언젠가 본 적이 있는
어느 공단 소녀의 손톱에 낀
까만 기름때만큼이나 애절하다는 생각을
질경질경 혼자서 씹어본다

근로, 아니 노동

장우원

"부지런히 일하는 것"*은 근로
그래서 부지런히 일만 하는 자는 근로자
사용자의 하수인

"생활에 필요한 물자를 얻기 위해
육체적 노력이나
정신적 노력을 들이는 행위"**는 노동
그래서 경제를 움직이는 자는 노동자
사용자와 대등인(對等人)

부지런히 일한 대가(對價)로 세금을 뜯기고
온갖 증명을 붙여
애걸복걸하듯
근로소득공제 신고를 해야 하는
근로자는 노비의 또 다른 이름

근로기준법근로장려금근로소득세근로복지공단근로계약서
근로자의날…

모든 근로는 노동의 적

노동은 사라지고
근로만 있는 세상
부(富)와 빈(貧)을 키우는 근원

그러니 근로를 폐하라
노동과 노동자를 앞세우라

평등은 거기서 태생하느니
평화는 거기서 비롯하느니

*, ** : 국립국어원 표준국어대사전 참조

몸으로 시 한 편 썼네

정세훈

시를 써서 뭐하나 싶은 날

노동문학관 앞 버스길 건너 사래 긴 콩밭
허리 굽은 노파 무르익은 콩 베어 옮긴다
그냥 지탱하기도 힘든 구십도 굽은 허리에
온 힘 쏟아붓고 겨운 짐을 옮긴다

화들짝
시를 써서 뭐하나 싶은 마음
내동댕이치고

냅다 달려가
그 짐 받아
대신 옮겨 놓았다

시를 써서 뭐하나 싶다가

이렇게

몸으로 시 한 편 썼네

세상의 시들이 저물어 가는 날

꽃 파는 남자

정원도

  날마다 상가 출입구 틈으로 간신히 허락된 자투리 공간에서 꽃을 지키는 남자
  정작 아름다운 야생화는 멀고 먼 깊은 산중에 숨었고, 그가 파는 꽃들은 대개 이름 모를 서양화인데,

  꽃을 돌보는 아내는 생계가 분주하여 그림자조차 마주치기 힘들고
  앙상하니 남은 목 굵은 꽃들도 그나마 싱싱한 것은, 보이지 않는 아내 덕인 줄 꽃들이 먼저 안다

  배달이 없는 날은 온종일 입은 닫아건 채, 꽃들이 피워내는 허공을 하릴없이 바라보거나
  나비가 되어 꽃 속을 드나들며 꽃가루 하나 제대로 못 묻혀주는 그의 두 발이 심심하다

백 년의 고독
―카프 100주년을 기억하며

조기조

한국 근대 문학의 시작은 창대했다 백 년 전
프롤레타리아예술가동맹이 창설되고 십 년 뒤
막을 내린 계급 문학 운동, 서툴러서가 아니라
모든 운동은 실패할 수밖에 없으니까
슬로건은 좋았는데 눈에 띄는 프롤레타리아
예술가는 별로 없었지 그로부터
육십여 년 뒤 노동자 문학 운동이 되살아나 십오 년
산업화 시대에 구축된 토대 덕분인가
읽고 쓰는 노동자 문학인이 제법 등장했지만
역시 실패했다 노력을 안 해서가 아니라
자본이 빠르게 변하면 노동도 빠르게 변하니까
점심 먹고 가산디지털단지 빌딩 공장 숲을
백 년 동안 걸으며 해묵은 카프와 노동자 문학 운동을
떠올리는 것은 좀 생뚱맞은 역사의 고독이지
얻은 것은 예술이요 잃은 것은 이데올로기인 시대
AI가 대필을 해도 좋은 세기의 허탈
고독의 역사를 쓰고 있는 것이지 누가
무엇이 부재인가 부재 속에서 전망은

어떻게 세울 수 있는가 헛소리처럼 중얼거리며
손에 손마다 식후 커피를 들고 진시황의
용갱 속으로 걸어 들어가는 병마들 같은
디지털 노동자들의 발걸음을 바라보며
용갱을 허물고 다시 걸어 나올 병마들의
백 년의 고독을 씁쓸하게 음미해 본다

도시인

조미희

은색 돗자리 위에서 당신은 오수(午睡)에 듭니다

나뭇잎 사이로 햇빛이 살며시

당신 이마를 짚습니다

35도

당신을 지키는 온도는 잠시 차분해지고

주중의 묵은 오수(汚水)를 버려줍니다

개미들은 부지런히 은색 돗자리를 점령하고

오월의 씨앗들도 분주히 생명을 퍼 나릅니다

온 세상이 바쁩니다

당신의 짧은 오수만이 한가합니다

꿈속의 당신은 무얼 할까요

근무를 벗어난 휴일의 한낮

당신은 놀 줄도 몰라 걷고 걷다가 한강의 어느 귀퉁이 풀밭

한 평 돗자리 위에 영혼을 눕니다

돗자리는 은색 호른의 목소리로 당신의 영혼을 잠시 붙잡아 놓습니다

하늘에 뿌리내리기로 했다

진영대

 열리는 대로 다 먹으면 도둑놈이지 농사꾼 아니다 짐승도 먹고, 새도 먹고, 벌레도 먹고 남은 것만 먹어도 못다 먹는 게 농사일이라고 아무리 좋게 생각해도 버틸 수가 없었다 가락시장 경매장까지 올라가서 포도 한 상자 만 오천 원 받아내면 운임에다 상차비, 하차비, 경매수수료라고 잘라갔다 농협 놈들 앉아서 받아먹는 판매수수료까지, 그것도 부족해서 파리처럼 붙어서 작목반 회비라고 뜯어갔다

  손에 쥐는 게 만 삼천 원이 될까 말까 한데
  박스값 구백 원에 자재값, 농약값으로 나가는 게 반이었다
  인건비는 사람값이니 그렇다고 쳐도
  십 년 포도 농사에 남은 건 나이뿐이라
  무릎이 푹푹 꺾였다

  한참 일 잘하는 포도나무를 뽑아서
  뿌리에 붙은 흙을 툭툭 털어 내던졌더니
  캐어 낸 구덩이에 거꾸로 처박혔다
  땅속에 묻혔던 뿌리가 허공중에 박혀

하늘에다 뿌리를 내리려고 버둥거렸다

로봇 노동자

채상근

어제 단골 국밥집에서
뜨거운 국밥을 배달하다
나와 눈이 마주친
인공지능 로봇 배달원
국적 성별 불분명한
시리얼 번호만 있는 로봇들
어디에선가 팔려온
현대판 노예처럼 보여지고
노예 해방과 함께 사라졌다는
노예 제도가 떠올랐다

뜨거운 자본의 힘으로
거대한 피라밋을 쌓으려는
인간들의 욕망 회로가 담겨진
로봇들은 노동자가 되어
공항 청소원으로
자동차 공장 용접공으로
전자 제품 조립공으로

고방사선구역 작업자로
기관총 장착한 군인으로
노예가 되어 팔려나간다

돈 많은 자본가의 꿈은
로봇을 만들어 팔고 사고
오래된 버전의 늙은 로봇은
저임금 헐값에 팔려나가고
수명을 다한 고장 난 로봇은
밧데리를 빼버리면 끝이다
오래전 사라진 듯한 노예가
인간들의 더 큰 욕망으로
감정 없는 노동자로 변신하여
우리들 앞에 돌아왔다

땀 냄새

한종훈

버스 안에 쿰쿰한 냄새가 가득했다

좁디좁은 사람 틈을 헤집고 찌든 땀 냄새가 돌아다녔다 건너편 중년 아저씨 머리에서 땀이 주룩주룩 쏟아졌다 목덜미로 흘러내린 땀은 어깨를 적시고 겨드랑이에도 얼룩이 번져나왔다 앞자리 아주머니가 창문을 확 열어젖혔다 얼마나 더, 이 냄새와 같이 있어야 하나, 아저씨는 언제 내리나, 버스 벨만 멍하니 바라봤다 서너 정거장을 끙끙 지났을 때, 세 사람이 동시에 일어났다 아저씨가 내리고 아주머니가 내리고 나도 내리고, 한 아이가 문 앞에서 아저씨를 향해 손을 흔들며 웃었다 아저씨는 작업복 소매로 목덜미 땀을 꾹꾹 눌러 닦고 아이의 손을 잡더니 아주머니와 나를 힐끔 스쳐 지나갔다 땀 냄새도 총총 사라졌다

저만치 아버지가 웃고 계셨다

바닥을 품다

황구하

포도나무 끝머리에 박새 부부가
둥지를 틀었다

잎도 열매도 다 떠나보낸 포도나무는
하루치 양식 쪼다 잠든 노동 지탱하려고
봄볕 한 공기 달빛 한 사발
빗소리마저 착착 발치 아래로 쟁여 주었는데

누대의 논밭 떠메고 온 아재와 아지매
조합 빚 쌓인 고랑 고랑을 기어가며
마른기침 둘둘 말린 멀칭 비닐 맞잡고
꽃 이불처럼 또 바닥을 활짝 펼쳐 덮는 것인데

발그레한 새순이 기지개를 켜고 있다
포도나무 한 뼘 마디
박새 부부도 알을 품기 시작했다

흔적을 지우다 사라진 여자

황미경

얼마 전부터 여자는 가벼워졌다
가슴은 처지고
아랫배는 부풀어 올랐지만
새벽 첫차에 등을 기대면
누적된 어제의 무게 사이로
몸 어디선가 붕붕 소리가 들렸다
유리를 닦다가 맨 하늘로 솟아오를 뻔해서
황급히 문고리를 잡기도 했다
바닥을 쓸고 변기를 닦으면
가슴에서 뽀글뽀글한 거품이 올라왔다
몽글몽글한 것들이 밀려와
경계를 허물자
손이 사라지고 다리가 사라졌다
그녀는 말을 해 보았지만
아무도 알아듣지 못했다
지문처럼 얼굴이 사라진 그녀가
빗자루를 타고 날다
의자에 누운 아이와 눈이 마주친다

아득한 한때 여자의 아이도
이렇게 그녀를 품곤 했다
아이가 눈을 빛내며
발이 사라진 그녀를 쫓는다

노동문학관 시인들

강상기   전북 임실 출생. 1966년 『세대』, 1971년 동아일보 신춘문예로 등단. 시집 『이색풍토』(공저) 『철새들도 집을 짓는다』 『와와 쏴쏴』 『콩의 변증법』 『조국 연가』 『웃음』 등.

강영환   경남 산청 출생. 1977년 동아일보 신춘문예, 1979년 『현대문학』으로 등단. 시집 『내 안에 파도, 내 밖의 바다』 『나에게로 가는 꽃』 『침묵』 『서쪽』 등.

강태승   충북 진천 출생. 2014년 『문예바다』로 등단. 시집 『칼의 노래』 『격렬한 대화』 『울음의 기원』 『죄의 바탕과 바닥』 등.

고 철   강원도 철원 출생. 2000년 『작가들』로 등단. 시집 『핏줄』 『고의적 구경』 『극단적 흰빛』 등.

공광규   충남 청양 출생. 1986년 『동서문학』으로 등단. 시집 『대학일기』 『담장을 허물다』 『서사시 금강산』 『서사시 동해』 등.

구재기   충남 서천 출생. 1978년 『현대시학』으로 등단. 시집 『모시

올 사이로 바람이』,『농업시편』,『물소리를 찾다』,『솔숲, 정자 하나』등.

기복진 전남 곡성 출생. 2023년『순천문단』으로 등단. 시집『산골 농부의 풍경이 있는 시』등.

김윤환 경북 안동 출생.『1989년 실천문학』으로 등단. 시집『그릇에 대한 기억』,『내가 누군가를 지우는 동안』등.

김이하 전북 진안 출생. 1989년『동양문학』으로 등단. 시집『타박타박』,『춘정, 火』,『눈물에 금이 갔다』,『그냥, 그래』,『목을 꺾어 슬픔을 죽이다』등.

김인호 광주 출생. 1991년『인천문단』으로 등단. 시집『섬진강 편지』,『꽃앞에 무릎을 꿇다』,『지리산에서 섬진강을 보다』, 포토에세이『나를 살린 풍경들』등.

김채운 충북 보은 출생. 2010년『시에』로 등단. 시집『활어』,『너머』,『채운』,『고告』등.

김해화 전남 승주 출생. 1984년 14인신작시집『시여 무기여』로 등단. 시집『인부수첩』,『우리들의 사랑가』,『누워서 부르는 사랑노래』,『김해화의 꽃편지』등.

김희정 전남 무안 출생. 2002년 충청일보 신춘문예로 등단. 시집 『백년이 지나도 소리는 여전하다』, 『이야기 시 전라도 사람 전봉준』, 『당산』, 『K-시민』 등.

맹문재 충북 단양 출생. 1991년 『문학정신』으로 등단. 시집 『사북 골목에서』, 『기룬 어린 양들』, 『사과를 내밀다』, 『책이 무거운 이유』 등.

박관서 전북 정읍 출생. 1996년 『삶사회그리고문학』으로 등단. 시집 『철도원 일기』, 『기차 아래 사랑법』, 『광주의 푸가』 등.

박금리 충남 천안 출생. 1990년 『한길문학』으로 등단. 시집 『아녹다라삼먁삼보리』, 『술꾼』, 『슬픈 추수의 밤이 놓여 있었다』, 『사랑한다며 그냥 돌아섰네』 등.

박두규 전북 임실 출생. 1985년 『남민시(南民詩)』, 1992년 『창작과비평』으로 등단. 시집 『은목서 피고 지는 조울躁鬱의 시간 속에서』, 『가여운 나를 위로하다』 등.

박설희 강원도 속초 출생. 2003년 『실천문학』으로 등단. 시집 『쪽문으로 드나드는 구름』, 『꽃은 바퀴다』, 『가슴을 재다』, 『우리 집에 놀러 와』 등.

박성한   전북 장수 출생. 2000년 『작가들』로 등단. 시집 『꽃이 핀다 푸른 줄기에』(공저). 동화 『한글이랑 한문이랑』 등.

박원희   충북 청주 출생. 1995년 『한민족문학』으로 등단. 시집 『몸짓』, 『방아쇠증후군』, 『고양이의 저녁』 등.

박철영   전북 남원 출생. 2002년 『현대시문학』으로 시, 2016년 『인간과문학』으로 평론 등단. 시집 『비 오는 날이면 빗방울로 다시 일어서고 싶다』, 『월선리의 달』, 『꽃을 전정하다』 등.

백무산   경북 영천 출생. 1984년 『민중시』로 등단. 시집 『만국의 노동자여』, 『이렇게 한심한 시절의 아침에』 등.

봉윤숙   충북 청주 출생. 2014년 『농민신문』, 2015년 『강원일보』 신춘문예로 등단. 시집 『꽃 앞의 계절』, 『버려진 말들 사이를 걷다』 등.

섬 동   경기도 이천 출생. 1997년 동양일보 신인문학상신춘문예로 등단. 시집 『꽃따기』, 『오래된 밥상』, 『어머니의 고백』 등.

성희직 경북 영천 출생. 1990년 시집 『광부의 하늘』로 등단. 시집 『그대 가슴에 장미꽃 한 송이를』, 『광부의 하늘이 무너졌다』 등.

신언관 충북 청주 출생. 2015년 『시와문화』로 등단. 시집 『엇배기 농사꾼의 늙은 꿈』, 『그래, 맞아』, 『둠벙』 등.

양문규 충북 영동 출생. 1989년 『한국문학』으로 등단. 시집 『영국사에는 범종이 없다』, 『식량주의자』, 『여여하였다』, 여행에세이 『길을 가는 자여 행복하여라』 등.

양선규 충북 영동 출생. 1998년 『현대시학』으로 등단. 시집 『튼튼한 옹이』, 『나비의 댓글은 향기롭다』 등.

여국현 강원도 영월 출생. 1990년 『포항문학』, 2018년 『푸른사상』으로 등단. 시집 『새벽에 깨어』, 『들리나요』, 전자시집 『우리 생의 어느 때가 되면』 등.

유덕선 충남 홍성 출생. 2002년 『순수문학』으로 등단. 시집 『봄난장』, 『마른 가슴의 노래』 등.

유승도 충남 서천 출생. 1995년 『문예중앙』으로 등단. 시집 『작은 침묵들을 위하여』, 『하늘에서 멧돼지가 떨어졌다』, 산문

집 『세월이 마음에 들지 않는다 하여도 서러워하지 마 화내지도 마』 등.

유용주   전북 장수 출생. 1991년 『창작과비평』으로 등단. 시집 『서울은 왜 이렇게 추운 겨』 등.

유 종   전남 해남 출생. 2005년 『작가』, 『시평』으로 등단. 시집 『푸른 독을 품는 시간』.

윤중목   경기도 연천 출생. 1989년 제2회 전태일문학상으로 등단. 시집 『밥격』, 『화방사 꼬마』 등.

이강산   충남 금산 출생. 1989년 『실천문학』으로 등단. 시집 『하모니카를 찾아서』, 『섬, 육지의』 등.

이대흠   전남 장흥 출생. 1994년 『창작과비평』으로 등단. 시집 『상처가 나를 살린다』, 『물속의 불』, 『귀가 서럽다』, 『코끼리가 쏟아진다』, 『당신은 북천에서 온 사람』 등.

이원규   경북 문경 출생. 1984년 『월간문학』, 1989년 『실천문학』으로 등단. 시집 『달빛을 깨물다』, 『돌아보면 그가 있다』 등.

이정록   충남 홍성 출생. 1993년 동아일보 신춘문예로 등단. 시집

『그럴 때가 있다』, 『동심언어사전』, 『어머니 학교』, 『아버지 학교』, 『정말』, 『의자』 등.

임　윤　　경북 의성 출생. 2007년 『시평』으로 등단. 시집 『레닌공원이 어둠을 껴입으면』, 『지워진 길』 등.

장세현　　충북 영동 출생. 1991년 시집 『거리에서 부르는 사랑노래』로 등단. 시집 『부끄럽지만 숨을 곳이 없다』 등.

장우원　　전남 목포 출생. 1984년 복현문화상으로 등단. 시집 『나는 왜 천연기념물이 아닌가』 등.

정세훈　　충남 홍성 출생. 1989년 『노동해방문학』으로 등단. 시집 『부평 4공단 여공』, 『몸의 중심』, 『동면』, 『고요한 노동』 등.

정원도　　대구 출생. 1985년 『시인』으로 등단. 시집 『그리운 흙』, 『귀뚜라미 생포작전』, 『마부』, 『말들도 할 말이 많았다』, 『나는 그를 지우지 못한다』 등.

조기조　　충남 서천 출생. 1994년 『실천문학』으로 등단. 시집 『낡은 기계』, 『기름美人』, 『기술자가 등장하는 시간』 등.

조미희　　서울 출생. 2015년 『시인수첩』으로 등단. 시집 『달이 파먹

다 남긴 밤은 캄캄하다』, 『자칭 씨의 오지 입문기』.

진영대 　세종 출생. 1997년 『실천문학』으로 등단. 시집 『길고양이도 집이 있다』, 『당신을 열어 보았다』, 『아무것도 젖지 않았다』 등.

채상근 　강원도 춘천 출생. 1985년 『시인』으로 등단. 시집 『다음 열차를 기다리는 사람들』, 『거기 서 있는 사람 누구요』, 『사람이나 꽃이나』 등.

한종훈 　경북 상주 출생. 2021년 『다층』으로 등단. 시집 『가난은 유통기한이 없다』.

황구하 　충남 금산 출생. 2004년 『자유문학』으로 등단. 시집 『물에 뜬 달』, 『화명』 등.

황미경 　충남 공주 출생. 2021년 시집 『배롱나무 아래서』로 등단. 시집 『납작 가슴에 팔뚝이 굵은 여자』 등.

몸으로 시 한 편 썼네

2025년 7월 22일 초판 1쇄 펴냄

지은이 _ 노동문학관 50인
펴낸이 _ 양문규
펴낸곳 _ 詩와에세이

신고번호 _ 제2017-000025호
주　　소 _ (30021)세종특별자치시 조치원읍 충현로 159, 상가동 107-1호
대표전화 _ (044)863-7652
팩시밀리 _ 0505-116-7653
휴대전화 _ 010-5355-7565
전자우편 _ sie2005@naver.com
공 급 처 _ 한국출판협동조합
주문전화 _ (02)716-5616
팩시밀리 _ (031)944-8234~6

ⓒ노동문학관 50인, 2025
ISBN 979-11-91914-88-7 (03810)

* 이 책 내용의 전부 또는 일부를 재사용하려면 반드시 지은이와
  詩와에세이 양측의 동의를 받아야 합니다.
* 본 도서는 홍주문화관광재단의 지원으로 발간되었습니다.